DISCOURS

PRONONCÉ

DANS L'ÉGLISE SAINT-GENÈS-LES-CARMES

A Clermont-Ferrand

LE 17 SEPTEMBRE 1877

PAR

M. L'ABBÉ GASTON PUTOIS

Membre de l'Académie Romaine

A L'OCCASION DU MARIAGE DE

M. GEORGES-MARIE-CHARLES PUTOIS

avec

Mlle MARGUERITE-JEANNE-TÉRÈSE FAURE

PARIS

ÉDOUARD BALTENWECK, ÉDITEUR

Rue Honoré-Chevalier, 7.

1877

DISCOURS

PRONONCÉ

DANS L'ÉGLISE SAINT-GENÈS-LES-CARMES

A Clermont-Ferrand

LE 17 SEPTEMBRE 1877

PAR

M. L'ABBÉ GASTON PUTOIS

Membre de l'Académie Romaine

A L'OCCASION DU MARIAGE DE

M. GEORGES-MARIE-CHARLES PUTOIS

avec

Mlle MARGUERITE-JEANNE-TÉRÈSE FAURE

PARIS
ÉDOUARD BALTENWECK, ÉDITEUR

Rue Honoré-Chevalier, 7.

1877

DISCOURS

Pour le mariage de M. GEORGES PUTOIS

AVEC

Mademoiselle MARGUERITE FAURE

17 SEPTEMBRE 1877.

Jeunes et chers époux,

Le grand et doux Évêque de Nole, saint Paulin, a dit un jour cette ravissante parole : « Quand deux âmes sont saintement unies ensemble, Dieu se vient placer au milieu d'elles. » Et c'est parce que vous avez voulu mettre Dieu au commencement et jusque dans la consommation de votre amour, que vous venez demander à Jésus-Christ et à l'Eglise, son Épouse immaculée, de bénir votre union et de consacrer vos engagements. Aussi dites-vous, comme Tobie à sa noble épouse : « Nous sommes les enfants des Saints, c'est pourquoi nous ne voulons pas nous unir à la manière de ceux qui ne connaissent pas Dieu ; *Filii sanctorum sumus, et non possumus ita conjungi sicut gentes quæ ignorant Deum* (1). » Car c'est à de telles unions et à de semblables hymens que le Christ préside, vous donnant à tous les deux une riche dot : la foi, l'espérance, la piété et les chastes amours.

Voici donc, ô mon frère, qu'une épouse vous est présentée, que Dieu vous réservait de sa main propre, et dont il vous fait, — vous me l'avez dit souvent, — l'exquise et chère faveur. Prenez-la donc, cette épouse de votre jeunesse, *uxorem adolescentiæ tuæ;* et devant mêler votre âme à son âme dans un même cantique, dans une même flamme et dans un même amour, vous l'avez demandée à Dieu comme une fleur glorieuse de tendresse et de pureté, belle, chaste, noble et pieuse, *qui exhibuit ipse tibi gloriosam sponsam non habentem maculam aut rugam* (2), afin de l'aimer comme le Christ a aimé l'Eglise, et de vous sacrifier comme le Christ s'est sacrifié

(1) Tob., VIII, 5.
(2) Eph., V, 27.

pour elle, *sicut et Christus dilexit Ecclesiam et se ipsum tradidit pro ea* (1).

C'est pourquoi, parlant du mariage, l'Apôtre dira que : « c'est un grand Sacrement à l'endroit du Christ et de son Eglise (2); » c'est le symbole de l'union indissoluble, inséparable et infrangible du Christ, avec l'Eglise, union qui s'achève et se consomme dans un même cœur et une même chair, *cor unum et caro una*. Et l'unité entre vous, chers époux, va être désormais si intime et si parfaite, que déjà vous n'êtes plus deux, *jam non estis duo,* mais que, par la divine force du contrat qui vous lie, vous êtes, dès cette heure, rivés l'un à l'autre, et à jamais, ne faisant plus absolument qu'un seul cœur et une même chair. C'en est donc fait à présent, et tout est consommé dans le mystère de ces épousailles de vos âmes. Vos destinées sont communes, et vos natures sont unies et presque confondues, parce qu'en vous désormais c'est un seul cœur, une seule âme, un seul corps et une seule vie.

Je vous salue, ô chers époux, comme la

---

(1) Eph., v, 25.
(2) Eph., v, 32.

figure, l'emblème et le symbole de l'union de Jésus-Christ avec l'Eglise, notre mère. Je vois en vous, mon frère, la tête du corps unique que vous formez à vous deux. Vous serez la générosité, la force, la raison, l'autorité, la vigilance et la tendresse ; et, sachant que cette épouse est un don de Dieu, un reflet de son incomparable bonté, vous le mettrez, Lui, l'adorable Epoux de l'Eglise, dans la communauté de vos consciences et de vos prières, dans la chasteté de votre amour et dans la fécondité de votre paternité.

Et vous, ô épouse, maintenant ma jeune sœur, vous qui portez au doigt l'anneau de l'union accomplie, vous serez au cœur de votre époux comme un charme et un parfum, lui livrant tous les trésors d'une âme que Dieu a faite pleine de délicatesses exquises et de patiences incomparables. Vous serez son guide et son ange terrestre, comme il sera le vôtre. Et parce que je croirais faillir à ma conscience, à mon devoir et à mon expérience de prêtre et d'ami si, refusant d'écarter les voiles de l'avenir, je ne vous faisais point entrevoir les douloureuses et accablantes épreuves réservées à tout homme ici-bas, je veux vous montrer dès maintenant à votre époux, telle que vous lui apparaîtrez aux heures mauvaises et troublées de sa vie, comme une âme forte, vaillante et fidèle, qui l'aidera à porter saintement les faiblesses, les découragements, les terreurs, les défaillances et les trahisons des hommes et des choses.

Qu'un grand et chaste amour unisse votre âme, jeune servante de Dieu, à l'âme de ce jeune serviteur du Christ, et qu'une grande prudence mélangée de tendresse et de fermeté, soit l'inspiratrice et la conseillère de vos pas dans cette vie à deux, sur cette mer du monde où, livrant ses voiles aux souffles de la Providence, vous aiderez à conduire votre barque à l'abri des orages, la menant au port dans lequel vous jetterez l'ancre de votre vie à jamais!

Laissez-moi, pour vous dire ces choses, emprunter quelques paroles au chant nuptial, à l'hymne et à l'épithalame que Grégoire, le saint docteur de Nazianze, empêché par la maladie d'assister aux noces d'Olympiade, la très-douce fille de son cœur, adressait au tuteur de la jeune épousée : « Voici, ma fille, le cadeau de noces que je vous envoie : rien n'est préférable aux conseils d'un père et d'un frère. Ce ne sont ni les pierreries enchâssées dans l'or, ni les brillantes couleurs, qui sont la vraie parure d'une femme. Que celles-là portent des robes splendides, qui n'ont rien en elles-mêmes et dans leur vie pour les embellir et les distinguer. Vous, prenez souci de la chasteté, et de cette beauté qu'on admire même les yeux fermés. Honorez Dieu, et après Dieu votre mari, comme l'œil de votre vie et l'arbitre de vos destinées. N'aimez que lui, ne cherchez à plaire qu'à lui. Répondez à sa tendresse ; cependant soyez toujours digne, afin que la satiété, qui se mêle à toutes les choses d'ici-bas, ne s'empare pas de son cœur... Cédez à votre mari, s'il s'emporte ; s'il souffre, venez à son aide par de bonnes paroles et de bons avis... Entre l'époux et l'épouse, mêmes plaisirs, mêmes douleurs, mêmes soucis. Donnez à votre mari des conseils, mais n'oubliez pas que c'est à lui qu'appartient l'autorité. S'il est triste, partagez sa tristesse, mais montrez-lui le plus tôt possible un visage serein; car à un homme battu par l'affliction, le cœur de la femme est un port assuré. Qu'on trouve en vous l'élévation de l'âme, jamais l'orgueil... Veillez sur vos oreilles, veillez sur vos yeux : que votre modestie inspire à votre époux un pieux respect. » Et je me hâte d'ajouter que c'est en se conformant à ces paternels avis qu'Olympiade a mérité de devenir une épouse admirable et une sainte digne d'être proposée en modèle.

Mais il est écrit quelque part, dans nos saints Livres, que « l'homme abandonnera son père et sa mère, et il s'attachera à son épouse; celle-ci quittera l'abri si tendre de l'aile maternelle, et elle s'attachera à son époux (1). » Or, le jour est venu, chers amis. Joies de l'union qui se va consommer, et tristesses de la sépation qu'elle exige. Espérances et appréhensions.

Vous, ô mon frère, vous n'avez point à redouter les amertumes de l'absence, puisque la bienveillance de notre père vous a ménagé une place et un foyer dans la maison qui fut notre berceau. Mais ces larmes et ces déchire-

(1) Matth., xix, 5.

ments, vous les ressentirez quelquefois encore, ô épouse, ma sœur, et j'ai peur que vous soyez longtemps à vous en consoler. Je sais si bien les nobles qualités et la sollicitude constante de votre père, vers lequel mon cœur est engagé par une irrésistible et ancienne amitié, et la tendresse de votre mère, bonne entre toutes les mères, et le profond attachement de votre sœur, dont vous me disiez un jour qu'il ne pouvait y en avoir de plus sincère et de meilleur! Je n'ignore pas non plus que votre cœur est doublement en deuil aujourd'hui, et qu'il pleure l'absence de cette vénérable aïeule, la vraie femme forte de nos Livres sacrés, dont naguère le funèbre anniversaire nous réunissait tous autour d'une tombe que vous n'oublierez jamais. Mais, des ailes de la foi, votre cœur s'élève jusqu'au ciel, où vous voyez cette sainte âme rachetée qui vous encourage et vous bénit. Car si votre ange gardien est sur la terre, vous en avez un autre là-haut, et plus près de Dieu, afin que le cœur ne vous défaille point dans les épreuves, et que les grâces que vous demanderez au Ciel, vous les deviez à ses puissantes intercessions.

Et puis, ma douce sœur, je veux aussi vous assurer que, dans la maison de votre époux, vous trouverez une autre mère qui, — vous le lui avez dit vous-même, — ne sera ni moins tendre, ni moins dévouée que celle qu'il vous faut laisser; un autre père qui sera comme l'ombre et le reflet du vôtre; et que si vous quittez toutes ces âmes chères, c'est à coup sûr pour en retrouver d'autres qui s'ingénieront toujours, et de toutes manières, à vous faire une vie très-douce et très-heureuse. Et toutes ces choses, je vous les promets, ma sœur, au nom de tout ce que je voudrais pouvoir dire et que je dois taire.

Mon Dieu, bénissez ces époux! Faites descendre sur eux, avec toute la grâce de votre Sacrement, tous les germes et les épanouissements de la vie spirituelle et de la fécondité temporelle, la richesse de la terre et la rosée du ciel. Comme Tobie et Sara, ils veulent une postérité qui s'agenouille devant Vous et qui glorifie votre nom. Je bénis cette chère et douce union de mes plus tendres et de mes meilleures bénédictions. Avec le frère de Rébecca, qu'il remettait aux mains d'Eliézer, je dis à chacun de vous, ô chers époux : vous êtes mon frère, vous êtes ma sœur, *tu frater meus, tu soror mea es*, croissez avec mille et mille bénédictions, *crescas in mille millia* (1). Que la prière dite sur vous serve à votre bonheur, à votre joie et à votre paix ! Que votre soleil ne se couche point, et que votre vie n'ait point d'hiver !

Et maintenant, avant que, dans le mystère de l'Agneau immolé, j'achève sur vos têtes les rites solennels et sacrés, et j'offre la grande Victime et le Sacrifice adorable à l'intention de votre bonheur, et pour cimenter cette union formée sous l'aile de vos saints anges, je veux me tourner vers le Cœur de la Vierge Marie. Elle vous sourit à cette heure, jeunes et chers époux, car c'est Elle qui manifestement enserre ces nœuds, et bénit ces noces chrétiennes. Lorsque, ô mon frère, je songeais à vous donner une compagne — et vous savez celle que je rêvais pour vous ! — et que, jetant un regard attentif sur toutes celles qui auraient pu charmer et soutenir votre vie, je demandais à la Vierge toute bonne de choisir

(1) Gen., xxiv, 60.

elle-même et d'inspirer mon élection, souvent ma pensée se transportait en cette crypte célèbre, aux pieds de la Madone du Port (1), la reine de cette noble cité, et je demandais pour vous à Marie la jeune vierge qui grandissait à l'ombre de son sanctuaire.

La voici telle que vous la donne notre divine Mère, jeune et pure, douce et gracieuse, avec les trésors de foi et de piété, et les saintes énergies qui font les épouses chrétiennes et les mères incomparables. Gardez-la comme un dépôt sacré et une hostie de grâce et de bénédiction ; et tout au fond de votre cœur, de même qu'en un ciboire pur et que rien ne saura jamais violer, réservez-lui toutes vos meilleures tendresses et votre dévouement le plus absolu.

Et, parce que ici-bas, à cause de l'humaine fragilité, rien n'est stable et ne saurait durer sans le secours d'en haut et la force qui vient du ciel, — même les promesses les plus sin-

(1) Voir, pour l'histoire des origines du culte et de l'église Notre-Dame du Port, à Clermont, le beau et savant ouvrage de M. le chanoine Chaix, curé de Saint-Genès-les-Carmes, 2 vol. in-8.

cères et les affections les plus vraies ; — et que toute tendresse finit par chanceler au cœur de l'homme, sans ce je ne sais quoi d'immortel qui vient de Dieu, je demande au doux Seigneur des âmes, et à la Vierge Immaculée, avec tous ceux qui vous aiment et qui vous entourent, et dont les cœurs sont proches de vos cœurs, de bénir et de consacrer cet hymen. Ces grâces puissantes ne vous manqueront pas, chers et jeunes amis ; j'en ai pour garant la protection maternelle de la Vierge du Port, dont, tout à l'heure, vous allez enrichir le sanctuaire d'un marbre mémorable, voulant que le premier acte de votre vie d'époux soit un pieux hommage, une action de grâces et un pèlerinage.

De la sorte, munis de ces dons précieux, fortifiés par les tendres bénédictions de Pie IX le Pontife-Roi qui, de son calvaire sanglant, gouverne les âmes et daigne s'intéresser à votre bonheur, vous vivrez heureux dans l'amour de Dieu, de son Christ et de son Eglise, fidèles aux devoirs de la vie chrétienne, bons aux faibles et à l'indigent ; et désormais, l'un sur l'autre appuyés, les regards de vos âmes saintement attachés aux biens éternels, vous saurez marcher sans défaillance, et durant de longs jours, je le demande à Dieu, à travers les ombres et les vicissitudes de la terre, jusqu'aux joies des immortelles amours qui commencent, et qui, Dieu merci, n'ont plus de fin.

A<small>INSI SOIT-IL</small>.

PARIS. — IMP. JULES LE CLERE ET Cⁱᵉ, RUE CASSETTE, 29.

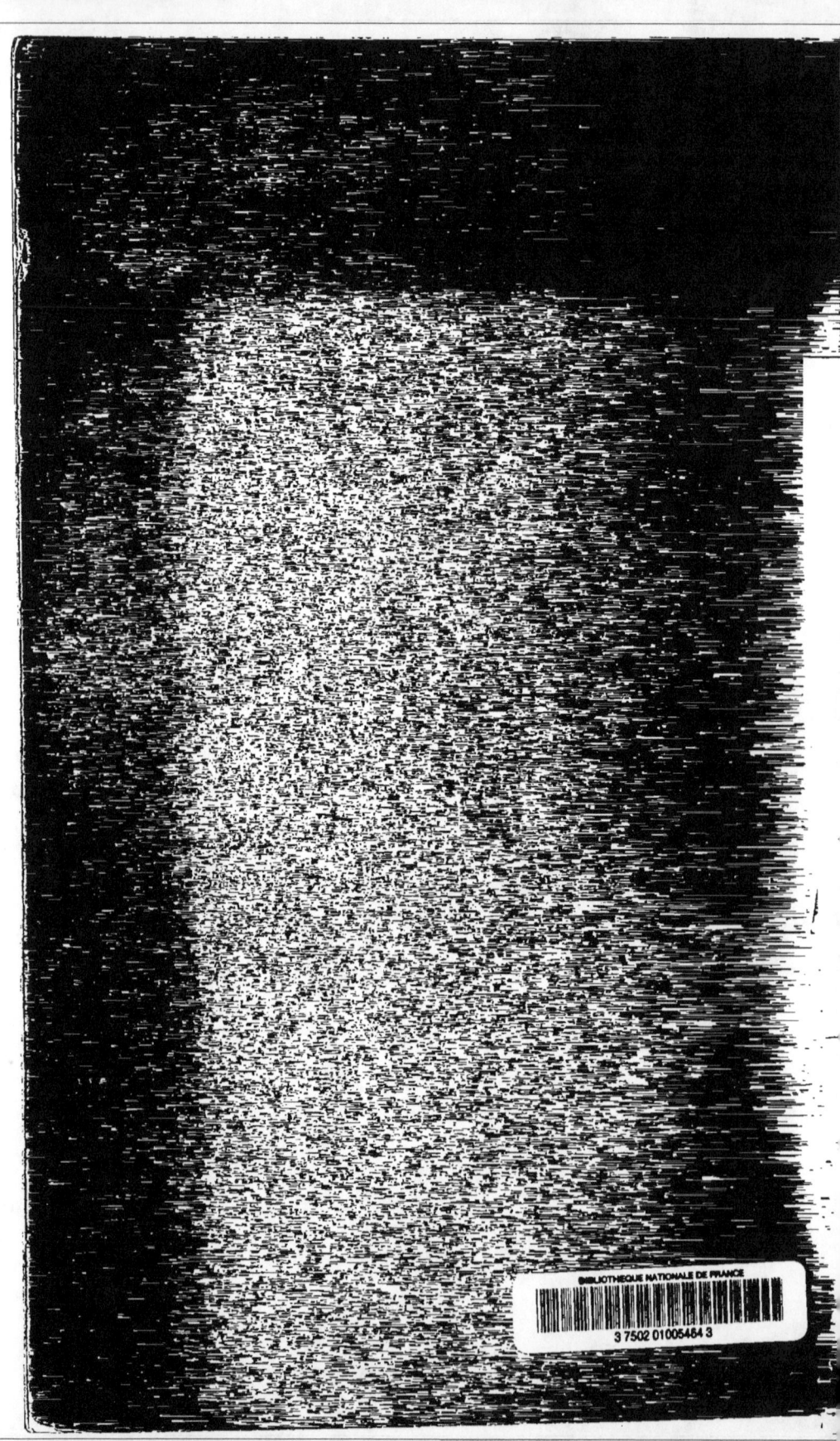

www.ingramcontent.com/pod-product-compliance
Lightning Source LLC
Chambersburg PA
CBHW060624050426
42451CB00012B/2413